Hildegard Gerster-Schwenkel
Glückwünsch'

Hildegard Gerster-Schwenkel

Glückwünsch'

Verse für Gratulanten

Illustriert von Uli Gleis

Silberburg-Verlag

Die Deutsche Bibliothek – CIP-Einheitsaufnahme

Ein Titeldatensatz für diese Publikation ist bei
Der Deutschen Bibliothek erhältlich.

1   2   3   4   5   05   04   03   02   01

© Copyright 2001 by
Silberburg-Verlag Titus Häussermann GmbH,
Schönbuchstraße 48, D-72074 Tübingen.
Alle Rechte vorbehalten.
Umschlag: Uli Gleis, Tübingen,
unter Verwendung eines Ölgemäldes von Gertrud Schwenkel.
Druck: Ernst Uhl, Radolfzell.
Printed in Germany.

ISBN 3-87407-394-7

Besuchen Sie uns im Internet
und entdecken Sie die Vielfalt unseres Verlagsprogramms:
www.silberburg.de

Inhalt

Vorwort

Weil mir des Dichta so guet g'fallt,
schmied i von klei' auf voller Freud
bei all on jeder G'legaheit
a Versle. On so hen sich halt
a ganze Menge Reim â'g'samm'lt.

Damit mei' Sammlung net vergamm'lt
und vielleicht manchem ebbes nützt,
weil der kein Pegasus besitzt,
sen d' Glückwünsch jetz dâ dren versamm'lt!

Hildegard Gerster-Schwenkel

So wie du bist, so bist du richtig

(Zur Geburt eines Kindes)

S oeben wurde mir beschieden,
das erste *(zweite, dritte ...)* Kind sei endlich da,
und wir sind alle hoch zufrieden
und gratulieren der Mama!

»So wie du bist, so bist du richtig!«,
ertönt es wie aus einem Mund.
Dass wir dich haben, das ist wichtig,
und dass du rund bist und gesund!

Es möge allezeit so bleiben,
dass man dich so nimmt wie du bist,
und dass dein Wesen und dein Treiben
in gottgewollter Ordnung ist.

Zwei Kendle auf ei'mâl!

(Zu einer Zwillingsgeburt)

Hallo, i hör, ihr beide z'samma,
ihr seiet Babba jetz on Mamma!
Mei' Nichte *(bzw. Name)* häb –
mir schlackret d' Ohra! –
zwei Kender auf *ein'* Schlag gebora!
I hör', dia beide dädet schreia
on ganz nâch eure Wünsch gedeiha!

I muess ganz schnell mei' Feder führa
on euch zum Pärle gratuliera:
Zwei Kender, dees will ebbes heißa!
Net *einer* hât des vorzuweisa
en onsrer Sippschaft, au net *einer,*
a Zwillingspärle, des hât keiner!

I gratulier, so laut i kann,
zum neugebor'na Zweierg'spann,
des euch jetz – quasi über Nacht –
zum Viererg'spann mitnander macht!
Viel Freud, *viel* Kraft, *viel* gueta Muet!

(A Kenderschwester wär jetz guet!)

Doch noch Nachwuchs!

(Zu einer Doppeltaufe)

Groß ist die Festesfreude heut!
Es wandelt sich im Lauf der Zeit
gottlob so manches Menschen Sinn:
Wo kämen wir denn schließlich hin,
gäb's in der Sippe ringsumher
tatsächlich keinen Nachwuchs mehr?
Wer trüge auf der Lebensleiter
der Ahnen reiches Erbe weiter,
die Vielfalt ihrer guten Gaben?
Ihr beiden hoffnungsvollen Knaben
habt ein Vermächtnis übernommen
und seid uns deshalb hoch willkommen!
Zwar liegt an eures Lebens Morgen
die Pflanze noch im Keim verborgen,
und niemand weiß, was sich entfaltet
und wie sich euer Los gestaltet:
Wird euch der Himmel gnädig bleiben
und euer Schifflein vorwärts treiben
im Strom der wechselvollen Zeiten?
Wir wollen euern Weg begleiten
und legen Anfang, Mitt' und Ende
dankbar und froh in Gottes Hände.

Du hast dich lang darauf gefreut

(Zur Erstkommunion des Enkelkindes)

Wir alle freuen uns mit dir
und sind um dich versammelt hier
an deinem Ehrentage heut.
Du hast dich lang darauf gefreut
und weißt, was dieses Fest bedeutet.
Mit Fleiß hast du dich vorbereitet,
hast viel gelernt im Unterricht
und weißt, am wichtigsten sind nicht
Geschenke und ein gutes Essen.

Ganz sicher hast du nicht vergessen,
dass du, als kleiner Erdengast,
den Bund mit Gott geschlossen hast
an diesem Tag, beim Heil'gen Mahl.
Du hast dich Gott in freier Wahl
geschenkt und willst sein eigen sein.
Nimm ihn ganz fest ins Herz hinein,
weil er dich kennt, weil er dich liebt,
weil er dir seinen Segen gibt
und dich behütet, zu dir steht,
wenn du ihn anrufst im Gebet.

Vergiss ihn nicht und bleib ihm treu,
ruf ihn vertrauensvoll herbei,
auch später, wenn du älter bist
und es zu Zeiten schwierig ist,
was du versprochen hast zu halten.

Von deiner Oma, deiner alten,
die dich auf ihren Armen trug,
hörst du es gar nicht oft genug,
dass dort die Seele Schaden leidet,
wo Gott den Menschen nicht begleitet.

Sie hofft und betet täglich neu,
dass Gottes Engel bei dir sei
und helfe, dir in deinem Leben
im Glauben festen Halt zu geben.
Du mögest ihm in allen Sachen
gehorsam sein und Ehre machen
und auch in Zweifeln ungebeugt
sein Bote sein, der ihn bezeugt.

's isch o'gwohnt,
d' Hauptperson zu sei

(Zur Konfirmation)

Freund, so du etwas bist,
so bleib doch ja nicht stehn:
man muss aus *einem* Licht
fort in das *andre* gehn.

Angelus Silesius

S'isch kaum zu glauba, doch 's isch wâhr:
es lieget neunafünfzig Jahr,
es lieget sechs Jâhrzehnte schier
als Zeitraum zwischa mir on dir.

Für *di* isch des a lange Zeit,
i selber aber seh mi heut
no ganz genau em Festtagsg'wand,
des Goldschnitt-G'sangbuech en d'r Hand,
seh Laschaschüehla mit zwei Knöpf,
en Spitzakraga on zwei Zöpf
on spür no heut mei' »aufgregt's Hemd«.

So ähnlich gâht's au *dir*, bestemmt,
on *mir* zwei sen dâ net allei:
's isch o'gwohnt, d' Hauptperso' zu sei'!
Heut bisch se *du*, charmant on schick!
On *i* nadierlich, *i* denk z'rick,

on wie em Kino lauft d'rbei
mei' eig'ne Lebenszeit vorbei.

Du meinsch, des sei a lange Zeit,
gar alles sei ganz anders heut
on deshalb wär's a Parodie,
ons zu vergleicha, *di* on *mi*?

Dass du so denksch, des isch mir klar,
weil's einst bei mir net anders war:
Dir isch dei' Alter no egal,
des wär jâ anders net normal.
Du kâsch no aus am Volla greifa,
kâsch ruhig auf dei Alter pfeifa,
du träumsch heut höchstens zwischanei'
vom »seliga« Erwachsa'sei',
gucksch vorwärts on machsch Zukunftsplä'!

Des isch beneidenswert on schee,
des stâht dir zua, isch dir zu gönna,
d'r Welt muesch du vertraua könna'.

Des isch mei Meinung, on trotzdem
macht sich's dei' Oma net bequem,
se warnt di' aus Erfahrung, Bua:
»Fahr nia gedankalos draufzua,
mach di' von falsche Ei' flüss' frei –
on bleib de guete Vorsätz treu!

Benütz dein' Scharfsenn, dein' Verstand
on gib dei' Sach en Gottes Hand!«

Ruck-zuck hâsch du auf dera Welt
o'überlegt a Weich falsch g'stellt
on dir d'rmit dein' Weg verbaut.
Kei' Mensch kann zwâr aus seiner Haut,
es isch jedoch en jedem Leba
net ei'fach alles »vorgegeba«,
viel könna mir au selber lenka!

I dät heut *jeden* Schritt bedenka,
energisch »nein« zu vielem saga,
nix ohne Überlegung waga,
d'r Karra isch so schnell verfahra!
Dei' Oma will dir Leid erspara
on dir deshalb ens Herz nei'schreiba,
sollsch b'sonna sei', sollsch g'scheiter bleiba
on 's Ziel nia aus'm Aug verliera,
damit's *dir* besser gâht als ihra.

Vielleicht wirsch du em Stilla lacha?
Willsch dei' Erfahrung selber macha,
willsch alles ohne Ei'fluss waga?
Mei' liaber Enkl, lass dir saga,
mit *mir* hât dâmâls niemand g'schwätzt,
on weil des falsch war, schwätz *i* jetzt,
sonst hât mei' arme Seel kei' Ruah.

Zum Abschluss füg i no d'rzua:
Viel han em Leba i bis heut
no nia bedauert, nia bereut
on dät's a weiters Mâl so macha:
I wär vergniagt, i dät viel lacha,
dät helfa, wo des nötig wär,
gäb leichten Herzens ebbes her.
I dät für mei' Familie betta,
am O'recht scharf entgegatretta,
mi aufs Natürliche verlega
on möglichst alle Menscha möga!

I han au *di* o'heimlich gern!

A fröhlichs Fest, en gueta Stern!

Es wachsen nicht nur die Haxen!

(Zur Volljährigkeit)

Ein Mensch – vor kurzem erst geboren –
steht achtzehn Lenze auf den Haxen
und nennt sich plötzlich unverfroren
    »erwachsen«!

Es steht zu hoffen: Nicht die Haxen
desselben Menschen und sein Leib
sind ihm indessen nur gewachsen.
Wie sinnlos wär sein Zeitvertreib!

Ein kluger Mensch betreibt sein Wachsen
von innen her, ganz zweifellos.
Dann sagen's nicht allein die Haxen:
    »Jetzt ist er groß!«

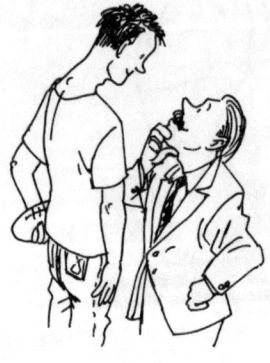

Das »goldene Erwachsensein«

(Zum 20. Geburtstag)

Schon wieder einmal stehen wir
vor einem neuen Jahr mit dir!
Schon wieder ist dem jungen Leben
ein neuer Abschnitt zugegeben,
du trittst ganz unaufhaltsam ein
ins »goldene« Erwachsensein,
von dem sich schon der kleinste Wicht
normalerweise viel verspricht.
Was ist es nun, was einer oft
für seine Zukunft sich erhofft?
In welche Richtung geht sein Streben
nach wahrhaft reich erfülltem Leben?
Strebt er nach Macht, strebt er nach Geld?
Sind's Ehrenzeichen dieser Welt,
von denen er, aus seiner Sicht,
sich seines Daseins Glück verspricht?
Vermutlich ist dir längst bewusst,
wo du »Fortuna« suchen musst,
im wirren Wechselspiel der Zeit:
Des Glückes Wertbeständigkeit
hängt letzten Endes ganz allein
am *inneren* Zufriedensein.

Mehre die anvertrauten Pfunde

(Jüngeren Menschen zum Geburtstag)

Wieder einmal trägst zur Stunde
du die anvertrauten Pfunde
in ein neues Jahr hinüber.

Mehre sie erneut, mein Lieber,
wie es deinem Stande ziemt,
und bewahr' – obgleich berühmt –
dir die Einfalt und die Tugend
deiner hoffnungsvollen Jugend.

Möge dich des Himmels Walten
fröhlich und gesund erhalten,
und nach deinem Wunsch und Willen
alles Hoffen sich erfüllen,
dass dein nächstes Lebensjahr
besser noch als alle war.

Was der Mutter Herz bewegt

(Zum Geburtstag einer Tochter)

Es ist ziemlich lange her,
seit du kamst als kleines Wesen,
und doch meine ich, es wär'
erst vor kurzer Zeit gewesen.

Was der Mutter Herz bewegt,
was sich ihr in diesen Stunden
brennend auf die Seele legt,
hast du später selbst empfunden.

Einem Kind aus ihrem Blut,
das – soeben erst geboren –
warm in ihren Armen ruht,
fühlt die Mutter sich verschworen.

Niemals wieder hört sie auf,
sich zu sorgen und zu beten:
»Herr, geleite seinen Lauf,
lass es aufrecht vor dich treten!«

Nur ein Herz kann Herzen gewinnen*

(Zum Geburtstag eines lieben Menschen)

* Julius Langbehn

Wie doch die Zeit vorübergeht!
　　Soeben erst beschlossen steht
hinter dir ein Jahresende.
Unversehens und behände
schlüpft ein neues durch die Tür.

Meine Wünsche sind bei dir,
mein Erhoffen und mein Sorgen,
heute, morgen, übermorgen!

Was dein Sein an Gutem schafft,
ströme dir an Lebenskraft
in das eigne Herz zurück,
trage dich das nächste Stück
deines Weges durch die Enge,
aller Nöte, aller Zwänge,
bringe Saiten zum Erklingen,
schenke deiner Seele Schwingen,
sich auch fernerhin im Leben
über Täler zu erheben
und die Flügel auszubreiten.

Dich im Geiste zu begleiten,
täglich für dein Wohlergehen
Gottes Segen zu erflehen,
wird jahraus mir und jahrein
innerstes Bedürfnis sein.

Du warst mir treu zur Seite

(Eine Mutter gratuliert ihrem Kind)

Mein Kind, dein Geburtstag
zog wieder ins Land,
und dabei empfinde ich dankbar das Band,
das eng uns umschließt in Freude und Leid,
im stetigen Ablauf und Wandel der Zeit.

Du hast mir viel Sonne und Frohsinn gebracht,
mir Mut in der Not und Verzweiflung gemacht,
du warst mir zur Seite, bescheiden und treu.
Ach, dass es vergolten und wettgemacht sei!

Was immer du stille ersehnst, was du treibst,
wohin du auch gehst, wo du bist, wo du bleibst,
begleite auf all deinen Wegen dich gern
und stetig ein heller und freundlicher Stern!

Auch heute gilt es manchmal noch …

(Glückwunsch zur Hochzeit)

Di' beschde Griaß zu eurem Fescht!
I wünsch euch beide samt de Gäschd,
en eurem heimischa Gemäuer
a wunderschöne Hochzeitsfeier!

Jetz deen euch beide hald bestreba
en Ei'tracht mitanander z'leba,
gemeinsam eure Lasta z'traga,
euch lauter nette Sacha z'saga,
euch gegaseitig gelta z'lassa,
euch notfalls en Geduld zu fassa,
wenn euch am and'ra ebbes stört,
anander z'achta, wie sich's g'hört,
sodass d'r Z'sammahalt von heut
no feschder wird em Lauf d'r Zeit,
on ihr euch emmer einig sen:
Isch des a Glück, dass *mir* ons hen!

Die Jahre eilen

(Geburtstagsglückwunsch für den Sohn)

Du hast Geburtstag, lieber Sohn!
Die Jahre eilen dir davon
und fragen nicht, ob es dir lieb,
wohin dein Lebensschiff dich trieb.
Jedoch verlässlich und gewandt
hältst du das Steuer in der Hand
und lieferst dich sowie dein Haus
nicht wehrlos Wind und Wellen aus,
du wählst die Richtung sehr geschickt,
so weit's in deinen Händen liegt.
Dass dies dir weiterhin gelingt,
das neue Jahr dir Gutes bringt,
dass du gesund und glücklich bist,
mit *dem* beschenkt, was wichtig ist,
was deines Lebens Sinn vermehrt,
es reicher macht und lebenswert,
wie äußerlich so innerlich,
dies sei mein Festtagswunsch für dich!

Dein Töchterlein hält dich gesund

(Gesundheitstipps für die Mutter)

Dir, liebe Mama, wünsch ich heute
Gesundheit, Glück und Lebensfreude
in deinem neuen Lebensjahr!
Behalte jetzt und immerdar
die Kraft, die man zum Leben braucht!

Dass dich der Stress nicht mehr so schlaucht,
kriegst Du von mir viel gute Sachen,
die dir den Alltag leichter machen:
Dem Kreislauf dienen Knoblauchpillen,
Herzschmerzen kann Tai Ginseng stillen,
für deine Linie sorgt Formfit,
das hemmt zu großen Appetit,
das Weizenkeimöl gibt dir Schwung
und hält dich unwahrscheinlich jung.
Dass du gut schläfst, nimm – unzerkaut –
wohltuendes Johanniskraut,
auch musst du in Melisse baden.

Jetzt kann dir wirklich nichts mehr schaden,
und fröhlich tönt's aus deinem Mund:
»Mein Töchterlein hält mich gesund!«

Der Schwabe wird mit 40 g'scheit!

(Zum 40. Geburtstag)

Es heißt, mit 40 werd mar g'scheit,
on 40 Jâhr alt wirsch Du heut!
Du bisch jetz – wemmer's z'sammazählt –
scho vier Dekada auf d'r Welt,
hâsch vierzigmâl Geburtstag ghet!
Des G'schwätz, des stimmt nadierlich net,
als Schwäbin wärsch du erst ab heut
so richtig clever, richtig g'scheit!
Von klei' auf warsch du net bloß nett,
du hâsch au was em Köpfle ghet,
warsch aufg'weckt on warsch int'ressiert,
des hât mar *dâ* scho imponiert!
Au en d'r Schuel isch's nâch Verlanga
dia ganze Jâhr lang prima ganga.
Was du einst g'lernt hâsch mit Bedacht,
des hât di' nämlich fähig g'macht,
dei Laufbâh' mit Bravour zu meistra,
dein' Lebenspartner zu begeistra,
on deine Kender für ihr Leba
genügend Rüstzeug mitzugeba.
Wer traut sich dâ zu saga heut,
du werdesch erst mit 40 gscheit?

Das habt ihr praktisch eingerichtet

(Zum Doppelgeburtstag eines Ehepaares)

Alljährlich festet ihr, wie heut,
zur nämlichen Geburtstagszeit,
das habt ihr praktisch eingerichtet:
Gemeinsam werdet ihr bedichtet,
gemeinsam werdet ihr beschenkt,
auf *einer* Glückwunschkarte denkt
an euer Fest der ganze Clan,
und jeder ruft nur *einmal* an.

Der *Gast* kann sich viel mehr vergnügen,
wo Feste beieinander liegen:
Ein jeder darf für Zwei essen,
und außerdem sei nicht vergessen,
dass man mit ruhigem Gewissen
das Glas auf *zwei* wird heben müssen.

Auch zahlt das Doppelfest sich aus
im eingesparten zweiten Strauß!
Wer hätte nicht auf diese Art
schon manche müde Mark gespart?

Zum Vorteil der *Geburtstagskinder*
gereicht das Doppelfest nicht minder:

Nur *eine* Feier, wie famos!
Der Aufwand ist nur halb so groß
beim jährlichen Zusammenschluss!

Bleibt drum, wie eh, aus *einem* Guss
und lasst euch keinesfalls entzwei'n!

Das neue Jahr soll glücklich sein!

Sei neu bestärkt in deinen Taten!

(Für Geburtstagskinder jeden Alters)

Der Mensch – es ist bei jedem so –
hat irgendwann und irgendwo
ein Jährlein mehr auf seinem Rücken.

Wohl jenem, der beim Rückwärtsblicken
getrost und dankbar sagen kann,
dass er ein Stück dazu gewann
an Reife, Menschlichkeit und Glück
und dass er meistert sein Geschick.

Der Mensch – ist ihm der Wurf gelungen –
gehört zum Wiegenfest besungen
und neu bestärkt in seinen Taten.
Nach Wunsch und Willen soll geraten,
was er mit Zuversicht und Mut
im neuen Lebensabschnitt tut.

Denk ab und zu an dich!

(Ein Geburtstagsgruß für alle Altersstufen)

Meine liebe gute Seele,
dass es dir an gar nichts fehle,
nicht an Liebe, nicht an Freude,
nicht an Gratulanten heute,
nicht an Frohsinn, nicht an Glück,
dass ein gütiges Geschick
dich durchs neue Jahr begleite –
nette Menschen dir zur Seite –
alles dies und noch viel mehr
wünsche ich dir heute sehr!

Was du dir erhoffst im Stillen,
soll sich tausendfach erfüllen!
Alle ausgestreute Freude
trage ihre Früchte heute!
Für die ungezählten Gaben *Und für alle Deine Jahren*
sollst du Möglichkeiten haben,
sie noch weiter zu entfalten!
Deinen Schwung sollst du behalten!

Außerdem – so hoffe ich –
Denkst du ab und zu an dich!

Ich war der Mittelpunkt für dich

(Der Mutter zum Geburtstag)

Du feierst heut Geburtstagsfest,
da will ich gratulieren
und in dem Reigen deiner Gäst'
nicht stille mitmarschieren.

Ich will dir herzlich danken heut,
denn du hast mich begleitet
durch meine erste Lebenszeit
und mir viel Glück bereitet.

Wie viele Jahre hast du mich
umsorgt, gepflegt, geborgen.
Ich war der Mittelpunkt für dich
an jedem neuen Morgen.

Drum wünsche ich an diesem Tag,
als Lohn für deine Güte,
dass Gott der Herr vor Not und Plag
dich allezeit behüte!

Geburtstag em Mausloch?

(Zum Wiegenfest eines Geburtstagsmuffels)

Der Jubilar wär wieder froh,
wenn der sein Festtag irgendwo
– zum Beispiel en ma Mausloch drenna –
klammheimlichleis hätt' feira könna.

Doch leider lässt sich diesetwega
des Fest net streicha, net verlega,
au wenn der Ärmste no so stöhnt! –

Isch der's vielleicht inzwischa g'wöhnt?
Er fendet 's Mausloch mittlerweil'
womöglich nemme affageil
on freut sich auf sei' große Schau?
Mar weiß des nia so ganz genau,
mir setzet des jetz halt voraus!

Der Festochs kriagt en Blumastrauß,
on somit weiß der Jubilar,
dass sei' Geburt a Knüller war,
on dass dia Schicksalsgötter ihn
bevorzugt hen mit *dem* Termin.

Vivere memento!

(Zu einem 50. Geburtstag)

Wir zählen das Leben auf Erden hier unten
nach Monaten, Jahren,
nach Wochen und Stunden,
doch wissen wir nichts von der Länge der Frist,
vom Abschnitt der Zeit, die uns zugeteilt ist.

Ein halbes Jahrhundert ist Ihnen hienieden
auf unserem Erdball inzwischen beschieden,
es schlägt im August – nach genauem Befunde –
Ihre vierhundertvierzigtausendste Stunde.

Genießen Sie fröhlich und allseits bewundert
die andere Hälfte vom Lebensjahrhundert
gesund und zufrieden, denn älter zu werden
bedeutet noch lang keine Altersbeschwerden.

Je höher man steigt auf den Sprossen der Leiter,
je stetiger bringt die Erfahrung uns weiter,
die Einsichten wachsen, es schließen sich Lücken,
wir tragen gelassen die Last auf dem Rücken.

Es mögen die Tage, die Wochen und Stunden,
der strömende Zeitenlauf ständig bekunden:
Vergiss nicht, dich über den Staub zu erheben!
    Vivere memento!
    Vergiss nicht zu leben!

Mensch, mach so weiter!

*(Geburtstagswunsch
für einen jung gebliebenen Fünfziger)*

Ein Mensch – ganz unverändert jung –
sieht braungebrannt, vergnügt und schick
und mit beneidenswertem Schwung,
von neuem auf ein Jahr zurück.

Die Busenfreunde jubilieren
und rufen am Geburtstag heiter:
»Mensch, lass dir herzlich gratulieren,
und mach so weiter!«

Die Jugendzeit ist zweifelsfrei
nun abgeschlossen und vorbei

(Dem humorvollen Fünfziger)

Heute ist es meine Pflicht,
dir zu verfassen ein Gedicht,
ganz sonnenklar:
bei 50 Jahr!

Du fragst nach einem Halbjahrhundert
dich selber zweifellos verwundert:
»Ist's wirklich wahr?
Sind's 50 Jahr?«

Die Jugendzeit ist zweifelsfrei
nun abgeschlossen und vorbei,
man zählt die Haar
mit 50 Jahr.

Doch sieht man den gestand'nen Mann
dafür mit Ehrerbietung an
und aller Zweifel bar,
nach 50 Jahr!

Die Damen schwärmen ringsumher
(mit 60, 70 und noch mehr):
»Wie wunderbar,
erst 50 Jahr!«

Drum, lieber Fünfz'ger, lebe hoch,
sei frohgemut und lebe noch
womöglich gar
in 50 Jahr!

Lieben heißt: Eine Wohnstatt für den andern sein*

(Zum Geburtstag eines lieben Menschen)

* Ägid von Broeckhofen

Der Spruch dâ oba, guete Frau,
der trifft da Sachverhalt genau,
der passt ganz bsonders guet zu dir,
on deshalb kriagsch du deen von mir!

Wenn *einer* für dia andre Leut
a »Wohnstatt« isch zu jeder Zeit,
nâ bisch des *du*, Geburtstagskend!

Mir, deine Festgenossa, send
ons längst bewusst, dass du ons liebsch,
weil du au ons a Wohnstatt gibsch
fürs Herz, für d' Seel on für da Leib'.
On deshalb wünscha mir dir, bleib
no recht lang frisch on guet erhalta!

Mir wöllet di' so fröhlich b'halta,
so liab on selbstlos, wia du bisch!
Mir hoffet, dass Gott gnädig isch,
di' guet beschützt on auf d'r Welt
no viele Jâhr lang g'sond erhält!

So ist der Ehebund gemeint

(Zur Silberhochzeit)

Zur Jubiläumshochzeitsfeier
kehr ich mit Segenswünschen ein.
Ein lieber Extragruß soll heuer
dem Ehepaar beschieden sein.

In allem Guten, allem Schweren,
durch Jahr und Tag getreu vereint,
sich miteinander zu bewähren:
so ist der Ehebund gemeint!

Wem dieser große Wurf gelungen,
wer fünfundzwanzig Jahre treu
der Liebe Hohes Lied gesungen,
holt sich den Weizen aus der Spreu!

Lebt glücklich miteinander weiter,
im alten Stil, tagaus, tagein,
und fahret noch Jahrzehnte heiter
den Weizen in die Scheuer ein!

Der Fisch grüßt den Artgenossen

(Zum Geburtstag ab etwa 50 Jahren)

Weil du – genau wie i – als Fisch
dereinst em März gebora bisch,
drom ben i so verwandt mir dir,
drom hâsch du Ähnlichkeit mit mir!

I stell des mit Vergnüaga fest,
weil du mi heut no hoffa lässt,
dass mei' Humor – wia's d'Welt au treibt –
mir – so wie dir – erhalta bleibt.

Dâ kommt d'r Mensch so nett auf d'Welt,
so goldich, dass 'r jedem g'fällt
on wird von Jâhr zu Jâhr no netter.
Er fühlt sich lange Zeit, als hätt 'r
's Glück pachtet, ganz für sich allei,
on blieb en Ewigkeit wia neu.

Er steckt zur Jugendzeit gewandt
sein Kopf no o'beirrt en Sand,
on glaubt's net, dass sei' Glanz verwelk',
bis 's plötzlich knistert em Gebälk.

Z'erst schiabt 'r dees no auf Bazilla
on meint, dâ helfet a paar Pilla,
es sei vom Schicksal a Verseha,
dät's ihm bisweila liadrich geha.

Doch irgendwann, dâ sieht 'r 's ei,
's könnt eventuell sei' Alter sei',
dass nix meh' so wie früher wär
on manches Leida sich vermehr'.

Jetz kommt's nadierlich arg drauf â
ob er des akzeptiera kâ,
ob er erkennt, wia schee des isch,
dass er so welterfahra isch
on jedem Jonga überlega.

A »Grufti« sei mar jetz? Von wega:
Aus Quella schöpft mar, o'verdrossa,
dia waret früher ei'm verschlossa,
schlürft Heilkraft b'sond'rer Qualität!

Ob dia wohl grad so wirka dät,
wenn onser Lebensweg bisher
net voller Steiner g'wesa wär?

Mannschaftssegen

(Dem Chef zum Jubiläum)

Die Mannschaft wünscht dem Steuermann,
dass er sein sturmgepeitschtes Schiff
auch weiterhin um jedes Riff
so unbeschadet steuern kann!

»Geschüttelt« gratuliert

(Einem Kollegen zum Abschied)

Ihr Leben mög' der Herr gestalten,
dass Sie den guten Stern behalten.

Der Himmel spende reinen Segen,
behalte tunlichst seinen Regen,
dass Sie die Tage nicht beklagen
und Ihre Lage gern ertragen.

Kein Grund zur Resignation

(Zum 55. Geburtstag)

Du bist die Jüngste zwar zur Stunde
in unserer Seniorenrunde,
doch eilest immerhin auch du
mit Volldampf auf die 60 zu.
Jedoch weil du – so welterfahren –
das Beste machst aus deinen Jahren,
und dir gewiss in allen Dingen
die Würfe weiterhin gelingen,
besteht kein Grund zu resignieren
und etwa nicht zu gratulieren!
Wir alle wünschen sehr und hoffen,
es stehe dir der Himmel offen,
das Schicksal halte allezeit
ein Quäntchen Glück für dich bereit,
verschone dich vor bösen Zeiten,
vor Krankheit, Not und Traurigkeiten,
erfreue Herz dir und Gemüte,
belohne dich für deine Güte
und sende – auch im dunkeln Tal –
dir täglich manchen Sonnenstrahl,
kurzum: Des Himmels reichen Segen
dem siebenten Jahrzehnt entgegen!

Das gute Kräutchen wird begossen

*(Geburtstagsglückwunsch,
nach einem Vers von Eugen Roth)*

> »Ein Mensch ist fest dazu entschlossen,
> das gute Kräutchen wird begossen,
> das schlechte Unkraut ausgerottet.
> Doch ach, des Lebens Wachstum spottet,
> und oft fällt's schwer, sich zu entschließen,
> soll man nun rotten oder gießen?«
>
> *Eugen Roth*

Ein Lebensjahr ist wieder aus!
Begieße oder wirf hinaus
im neuen Jahre, je nachdem,
ob's dir zur Last, ob's angenehm.

Ich wünsche dir bei diesem Spiel
viel Einsicht und viel Feingefühl,
und dass das Schicksal unbedingt
dir viel Begießenswertes bringt!

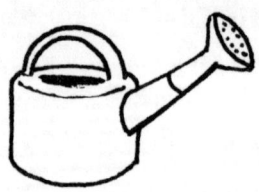

Dem Fröhlichen gehört die Welt

(Zu einem Geburtstagsbesuch)

Menschenskinder, isch des schee,
wenn i di' so vor mir seh,
emmer strahlend, emmer nett,
als ob d' Welt bloß Sonntag hätt!

Solche Leut sen langsam rar,
deshalb will i, sonnaklar,
wieder amâl mit dir lacha
ond a B'süechle bei dir macha.

Lass dr's Leba net verleida,
bleib vergnüegt zu alle Zeita,
damit manche trüebe Tass'
von dem Trüebsalblâsa lass'!

Färb jedes graue Härle!

(Gute Ratschläge für den Endfünfziger)

Weil du jetz sechsafuffzig wirsch,
       bisch du scho *fast* a »alter Hirsch«,
jedoch als »Grufti« – so wie mi! –
so frech bezeichent keiner di –
bis jetz, – du wirsch no hoch geachtet
ond net als »Uhu«* scho betrachtet!
Des isch a Grond, dir zu hofiera,
dir skrup'llos zu gratuliera,
dir Glück zu wünscha zue d'r Frist,
wo du dereinst gebora bischt.

Geniaß von jetz ab jedes Jährle!
Färb möglichst jedes graue Härle,
lass lifta deine Altersfalta,
dei' schlanke Linie sottesch b'halta
on möglichst au dia echte Zäh',
sonst giltsch mit 60 garnix meh'!
Mit 70, 80 scho – wer weiß? –
zählsch du zu jene Dattergreis,
dia als »Komposti« jedem Twen
a Dorn en seine Auga sen.

Klei' isch mei' Versle, aber fei'!
Du sollsch doch guet berâta sei'
von ein'ra, dia bald 80 *(o. a.)*wird,
on dia sich trotzdem o'beirrt
auf dera arg verdorb'na Welt
bis jetz no für kei'n »Uhu« hält!

* »Uhu« = einer unter hundert

Gold'ne Zeita werdet komma

(Für einen Endfünfziger)

Länger därf i net verweila,
für dei'n großa Ehratag
dir zu reima a paar Zeila,
weil i di doch so gern mag.

Wirsch a bissle traurig gucka,
weil du a Jâhr älder bisch,
aber 's braucht di garnet jucka,
weil 's bloß zu dei'm Vorteil isch.

Onser Welt wird all Jåhr trüeber,
nix als Händl on Geschrei,
aber du wirsch emmer liaber,
dir gebührt a Heil'gaschei.

Gäb's no viel von deiner Sorte,
nâ säh' manches anders aus,
glaub mar's – i mach net bloß Worte! –
deshalb kriagsch von mir Applaus.

Bleib vergnüegt on b'helf di' weiter,
wenn d'r Hals au dreckich isch.
Kletter nauf dei' Lebensleiter,
bis du vollends sechzig bisch.

Isch di' oberst Spross' erklomma –
des isch allgemein bekannt –
werdet gold'ne Zeita komma!
Freu di' auf dein Ruhestand!

I kann di' leida!

*(Dem alten Schlitzohr einen Glückwunsch
zum Geburtstag)*

M ei' liaber Fraind on Kupferstecher,
i werd en jeder Hinsicht schwächer,
's duet garnixmeh' so richtig stemma:
I dät di' gern aufs Ärmle nemma,
doch dâzua ben i leider z' schwach,
mei' Leistungskraft isch na da Bach,
i schlag heut nemme zua wie Blücher,
vor deiner Fraindin bisch jetz sicher!

I sag dir deshalb ganz bescheida:
»Mei' liaber Fraind, i kâ di' leida!«
I geb' jetz dia Attacka uff,
hau dir jetz nia meh' eine druff,
on hoff, du bleibsch mir trotzdem brav
on fast so duldsam wia a Schaf! –

's wird dir nix anders übrig bleiba!
Du därfsch heut nix meh' übertreiba,
lass mi drom seelaruhig schliaßa
on di' zum Festtag herzlich griaßa!

Ich würde dir jederzeit
ohne Bedenken eine Kachel
aus meinem Ofen schenken*

(Dem Vetter zum fortgeschrittenen Geburtstag)

* Joachim Ringelnatz

Mei' liaber Vetter, jeder weiß,
i griaß di selbverständlich heiß
zu dei'm Geburtstag, des isch klar,
weil des von alders her so war!

Was dädesch du au schliaßlich saga,
dät i *des* Datum onderschlaga,
dät i mi ei'fach garnet rühra
ond liaß mein' Vetter nemme spüra,
dass i den au als halba Greis
durchaus no hoch zu schätza weiß!

All Jâhr om dia Zeit gruscht'l i
nâch einer Kart' mit Akribie,
dia künstlerisch mein' G'schmack erreicht
on deren Aufschrift onderstreicht,
wie froh i ben, dass es dich gibt,
und wie herzinnig man dich liebt!

Guck, mei' Errungaschaft, mei' tolle,
dia trifft heut wunschgemäß ens volle,
i brauch nix saga drüber naus,
als bloß des oine, eiderdaus:
»Dia Welt, dia wär bloß halb so nett,
wenn i net *di* zum Vetter hätt!«

Der Ruhestand rückt näher!

(Einer Freundin oder Bekannten zum Sechzigsten)

Liebe Jubilarin!

Sechzig Lebensjâhr on drüber
ganget spurlos net vorüber,
noi, dâ kommsch en d'Stiefel nei'!
Wia d'r Bach en Kieselstei',
schleift ein 's Leba bis zum Grab
o'aufhaltsam weiter ab,
's zwirbelt ein' on fragt ein' net,
ob mar's liaber anders hätt.

Ob mir des bedaura sollet?
Ob mir mit'm Schicksal grollet?
Möchtesch etwa nomâl neu,
nomâl siebzeha Jâhr alt sei'?
I dät 's Rad net rückwärts schrauba,
ei'mâl langt, des därfsch mir glauba!

Erst em Alter – *abgeschliffa* –
hâsch du voll on ganz begriffa,
wo's hier lang geht auf d'r Welt.
Jetz bestellsch mit Lust dei' Feld,

Ein Hoch der ew'gen Jugend

(Zu einem 60. Geburtstag)

Wie nach 50 doch so prompt
allemal die 60 kommt!
Niemand kann's bei dir begreifen,
wo per Sauna und per Seifen,
Fastenkuren und Pomade,
hartem Trimmdich auf dem Rade,
du – entgegen mir, der Flasche –
steigst wie Phönix aus der Asche!
Stets gelassen, voller Tugend,
hast ererbt du ew'ge Jugend,
wozu – wie es sich gebührt –
dir die *Flasche* gratuliert.

Die Mannschaft dankt
dem Steuermann

(Dem Chef zur Verabschiedung)

Der Steuermann verlässt den Kahn,
und seine Mannschaft bleibt zurück,
nachdem er sie ein langes Stück
geleitet hat auf ihrer Bahn.

Die Mannschaft dankt dem Steuermann
für seinen Einsatz, sein Bemüh'n,
und wünscht demselben fernerhin
viel Glück auf seiner Lebensbahn!

B'halt dein' Humor

(Geburtstagsgruß an die Freundin im Ruhestand)

I grüeß de zum Fest
on wünsch d'r halt 's Best':
Bleib g'sond on bleib grad,
fahr o'fallfrei Rad,
verliar net da Muet,
schaff d'Haushaltung guet,
breng 's Automobil
o'gschora ans Ziel,
ergötz de d'rzua
all Tag an d'r Ruah
on sieh de halt vor,
dass d' b'hältsch dein Humor!

Rentnerschicksal

(Dem Ruheständler zum Geburtstag)

Viele Grüße aus dem Süden
sei'n aus Schwaben dir beschieden,
dieweil du als Erdengast
just ein Jahr bestanden hast!

Jeder weiß, was es bedeutet,
was ein Rentner so erleidet,
bis er auf dem steilen Pfad,
bei den Mühen, die er hat,
den Terminen alle Tage –
ja, ich weiß schon, was ich sage! –
müde zittrig und erbleicht
so ein Wiegenfest erreicht!

Ach, wie war man früher froh
an der Ruhe im Büro!
Wie erholsam, wie erlabend
war dereinst der Feierabend!
Alles dies, du liebe Zeit,
ist schon längst Vergangenheit,
Rentner sind vom Stress betroffen!

Lass dir wünschen, lass mich hoffen,
dass du auf der Weiterreise,
in der altgewohnten Weise,
dich nicht unterkriegen lässt,
bis du nach dem Achtz'gerfest –
im Jahrzehnt vielleicht, dem neuen? –
dich des Ruh'stands darfst erfreuen!

Ohne Kummer, ohne Schmerzen

(Zum Geburtstag eines kranken Fünfundsechzigers)

Fünfundsechzig Lebensjahre
sind Sie auf der Erde heut!
Dass der Himmel Sie bewahre
und die sorgenvolle Zeit
sich hinfort zum Guten wende,
alle bösen Geister fliehn,
und dass Sie zum guten Ende
fröhlich Ihre Straße ziehn,
ohne Kummer, ohne Schmerzen,
unverzagt tagaus, tagein,
soll aus übervollem Herzen
Inhalt meiner Wünsche sein!

Endlich wieder auf den Beinen

(Glückwunsch zur Genesung)

Hurra, in Ordnung ist das Bein,
du ziehst zuhause wieder ein!
Bald bist du wieder voll am Start
und planst die nächste Urlaubsfahrt,
weil dir's an gar nichts mehr gebricht!
Die Gipfel bieten neue Sicht,
sei es die Zugspitz, der Montblanc,
du steigst hinauf mit viel Elan!
Vielleicht gehst du auch nach Hawaii?
Nach Kreta? In die Mandschurei?
Willst du vielleicht noch auf den Mond?
Pack deine Koffer, wie gewohnt!

Alle Achtung, liebe Leute

(Zu einem 40. Hochzeitstag)

Vierzig Jahre sind es heute,
    vier Jahrzehnte ganz genau,
seit der Erich Müller freite,
seit er seine Ehefrau,
seine Marianne nahm
und zum eignen Hausstand kam.

Partnerschaft durch 40 Jahre,
eins dem andern lieb und wert,
eine Linie, eine klare,
die sich tausendfach bewährt,
die ein Paar zusammenhält
in den Wirren dieser Welt.

40 Jahre alle Plage
miteinander durchzusteh'n,
vier Jahrzehnte alle Tage
aufeinander einzugeh'n,
das will etwas heißen heute!
Alle Achtung, liebe Leute!

Gut in Schuss

(Eine Laudatio dem liebenswerten Siebziger)

Dir zum Feiertag zu dichten,
einen Vers zu präsentieren,
herzlich dir zu gratulieren,
das gehört zu meinen Pflichten,
stehst du doch als Jubilar
hoch in Ehren, das ist klar!

Dreißig *(viele)* Jahre unterdessen
weiß ich nun, dass es dich gibt,
dass dich jeder schätzt und liebt,
deshalb bleibst du unvergessen!
Glück und Segen immerdar
wünsche ich dem Jubilar!

Siebzig Jahre und noch immer
rüstig, sportlich, »gut im Saft«,
voller Energie und Kraft,
von »Methusalem« kein Schimmer,
das ist unbezweifelbar,
drum ein »Hoch« dem Jubilar!

Mit der Reife wird man immer jünger*

(Der früheren Schulfreundin zum 75. Geburtstag)

* Hermann Hesse

Fenfasiebzig Jâhr alt semmer,
viele graue Härla hemmer,
on des andre isch no schlemmer:
o'aufhaltsam wird mar demmer!

Wenn au liab om ons beflissa,
kâ d'r Nâchwuchs doch net wissa,
wia vertrackt des isch on b'schissa,
als »Komposti« leba z' müssa.

Vormâls wara *mir* di' G'scheite,
wara *mir* di' »Up to date«,
on des »Outfit« jonger Leute
war genau so »gail« wie heute.

Net a schulterlange Mähne,
net a veilchenblaue Strähne,
noi, a Nackaroll, a schene,
war d'r »Look« der »steilen Zähne«.

Sexfilm hât's no keine geba!
Möglichst abstinent zu leba,
sich d'r Tugend zu bestreba,
war des A und O em Leba.
Keine Küss', oms Hemm'ls willa!
Sich net jeden Wunsch z' erfülla,
der ein' â'kommt, so em stilla,
war a Grondsatz – ohne Pilla!

Saget, *wer* sott *wen* beneida?
Welches waret bessre Zeita,
welches lohnendere Freuda?
Jeder kâ's für sich entscheida!

Leb no lang vergniagt auf Erda! –
Trotz de leibliche Beschwerda
wünsch i dir, mei'm Weggefährta,
»mit d'r Reife jünger z' werda«!

67

Unserem lieben Opa

(Zu singen auf die Melodie:
»Eine Seefahrt, die ist lustig ...«)

Unser Opa ist der Beste,
darum haben wir ihn gern.
Unser Opa, das steht feste,
ist der Beste nah und fern.
Holla hi, holla ho ...

Unser Opa, der kann Sachen,
die nicht jeder Opa kann.
Sachen kann der Opa machen,
da ist wirklich alles dran!
Holla hi, holla ho ...

Unsern Opa kann man fragen,
er ist jederzeit bereit
eine Antwort uns zu sagen,
unser Opa ist gescheit.
Holla hi, holla ho ...

Späße kann der Opa machen,
keiner macht ihm da was vor,
Opa bringt uns oft zum Lachen,
unser Opa hat Humor.
Holla hi, holla ho ...

Viele andern Kinder hätten
gern den Opa, das ist klar:
Solche Opas, solche netten
– lasst uns wetten – die sind rar!
Holla hi, holla ho ...

Lasst die Gläser uns erheben,
stoßet an auf Opas Wohl:
Unser Opa, der soll leben,
unser Opa, der ist toll!
Holla hi, holla ho ...

Gib der Trauer keine Nahrung

(Gedanken zu einem 75. Geburtstag)

Wie viel Jahre, wie viel Stunden,
    wie viel Monde, Wochen, Tage,
welche Unzahl von Sekunden,
wie viel Glück und wie viel Plage!

Was in fünfundsiebzig Jahren,
durch die Wirren dieser Zeit,
du erlebt hast und erfahren,
zieht an dir vorüber heut.

Dankbar lass uns registrieren,
was du uns noch heute bist,
und dir herzlich gratulieren
zur mit Glanz bestand'nen Frist!

Gib der Trauer keine Nahrung,
steure stolz auf achtzig zu,
als Genießer der Erfahrung
und der wohlverdienten Ruh'!

Du bleibst unser bestes Stück

(Ein Glückwunsch zum 76. Geburtstag)

Lieber Freund, so ist es halt:
unversehens wird man alt,
wundert sich nach Jahresfrist
wo die Zeit geblieben ist.

Du bist nicht mehr »neu geboren«,
doch, was an Bestand verloren,
wird im späten Alter jetzt
vielfach wunderbar ersetzt.

Was in sechsundsiebzig Jahren
du bis hierher hast erfahren,
diesen Weitblick, diese Gaben,
daran darfst du dich erlaben,
daraus schöpft die Seele Nahrung.
Nun genieße die Erfahrung!

Mögen deine Kräfte reichen,
keine Nöte dich beschleichen,
keine Sorgen dich beschweren,
nur das Gute sich vermehren,
nur die Freude und das Glück!

Du bleibst unser bestes Stück!

Relikt aus uralten Zeiten

(79 Jahre alt)

Liebes Geburtstagskind!

Noch zwölf Monde wird es währen,
bis du glücklich und in Ehren
acht Jahrzehnte als ein Gast
diese Welt bevölkert hast.

Ach, was hast du alles gehen
und oft wieder kommen sehen!
Kleider, Hüte, Hemden, Mieder,
alles trägt man heute wieder,
Möbel aus der Jugendzeit,
das sind Raritäten heut,
bloß die guten alten Sitten
sind in unsrer Zeit umstritten,
wobei stark im Zweifel bleibt,
wohin unsre Jugend treibt,
ob die Freiheit sich bewährt,
die man schon so früh gewährt?

Als Relikt aus alten Zeiten
bist du ehrlich zu beneiden,
denn was andere mit Mühen
aus gelehrten Büchern ziehen,
hast in langen Lebensjahren
du erlebt und selbst erfahren.

Kriege in den eig'nen Landen
hast du zweimal überstanden,
und du weißt von Hungersnot,
von Verzweiflung, Not und Tod.

Welterfahren und gelassen,
wirst du Gottes Hand erfassen
und ihm weiterhin dein Leben
ohne Zagen übergeben.

Eine Eule als Vorbild

(Zum Einzug in die Seniorenresidenz)

Wer später Jahre Tücken ahnt,
    wer wanken sieht sein Lebensglück,
tut gut, wenn er beizeiten plant
und ihm zuvorkommt, dem Geschick.

An Weisheit einer Eule gleich,
besorgt er sich mit Vorbedacht
im Alter einen Schonbereich,
der sein Problem zunichte macht.

Sei stets umgeben von Getreuen

(Die Festtagsgäste gratulieren zum 80. Geburtstag)

Die dir verbundenen Bekannten
aus nah und fern, von weit und breit,
die Freunde und die Anverwandten
sind deine Festtagsgäste heut.

Sie freuen sich zu dieser Stunde,
dass sie an deiner Seite steh'n,
und du empfängst aus aller Munde
die Wünsche für dein Wohlergeh'n.

Was du an Freude hast erfahren,
was nicht zu überwinden schien,
siehst du nach 80 Lebensjahren
im Geist an dir vorüberzieh'n.

Das Glück, die Sorgen und das Leiden,
was schön war und was traurig ist,
hat dich geprägt in diesen Zeiten
zu dem, was du uns heute bist.

Sei stets umgeben von Getreuen,
die dir vereint zur Seite steh'n.
Wir alle wollen dich im neuen
Jahrzehnt gesund und glücklich seh'n!

Persönlichkeiten sind gefragt

(Zum 90. Geburtstag)

Was ist das heute für ein Fest,
das uns zusammenkommen lässt
im altvertrauten Freundeskreis?
Es ist ein Fest, von dem man weiß,
dass jener in der Gnade steht,
der es gesund und frisch begeht.

Dir, liebe (-r) ..., ist es klar,
dass es nicht selbstverständlich war,
durch neunzig Jahre hier auf Erden
behütet und bewahrt zu werden.

Im Geist gehst du den Weg zurück,
durchlebst die Nöte und das Glück,
das Hoffen, Sorgen und die Freude
noch einmal in Gedanken heute.

Die Rückschau darf dein Herz erfreu'n!
Um so viel Liebe zu verstreu'n,
zu bremsen, wo es nötig schien,
zu lenken im bewährten Sinn,
standfest zu sein nach allen Seiten,
dazu braucht man Persönlichkeiten
wie dich, die anderen im Leben
ein akzeptables Beispiel geben!

Ein Hoch auf euch beide!

(Alles Gute zum Jahreswechsel)

Auch euch, ihr zwei Lieben,
entflieht dieser Tage
schon wieder ein Jahr und ihr stellt euch die Frage,
wofür es gedient hat, ihr wandert zurück,
die Sorgen erwägend, die Freude, das Glück.
Ihr fragt euch: »Wohin wird der Herr mich geleiten
in künftigen, unübersehbaren Zeiten,
was wird sich ereignen, was wird mir begegnen,
wird Sonne mir scheinen,
wird's stürmen und regnen?«
Wer kennt nicht den Wechsel
von Dunkel und Licht?
Gott gebe dem Hellen das meiste Gewicht!
Verbleibet gesund und erlebet im neuen,
im kommenden Zeitenlauf vieles zum Freuen
und schöpfet aus heilsamen Quellen die Fülle,
im Kreis eurer Lieben sowie in der Stille.
Viel kostbare Stunden, ein mutiges Wagen
und immer die nötigen Kräfte, die tragen,
das wünschen wir euch zur historischen Stunde!

Ein »Hoch« auf euch Beide!
Ein »Hoch« aus der Runde!

Blick nach vorne

(Zum Jahreswechsel)

Das Jahr eilt ohne Rast und Ruh
schon wieder auf sein Ende zu
und mahnt auch diesmal zur Bilanz.
Die Dunkelheit sowie der Glanz,
das Glück und das Getragensein
in manchen Nöten, mancher Pein,
Recherchen, was wohl sinnvoll war,
was zweifelhaft in diesem Jahr
und ob die vorgegeb'ne Frist
genützt und recht verwendet ist,
bewegen unsre Herzen jetzt.
Weil uns das Alter Grenzen setzt,
erweitert es uns auch den Blick
und führt zum Wichtigen zurück.

Mein Wunsch zum neuen Anbeginn:
Den rechten Maßstab weiterhin,
ein reiches Schauen in die Weite
mit einem Engel an der Seite!